abwechslungsreiche Rätsel für Erwachsene und Querdenker Teil 2
50 neue Codes und Denkaufgaben mit dem besonderen Anspruch

Dieser zweite Teil besteht aus neuen Aufgaben der Bereiche: Logik, Naturwissenschaften, Textverständnis, Konzentration, Vorstellungsvermögen und vielseitiges Denken. Gehen Sie behutsam mit den Tipps und den Lösungen um. Jedes Rätsel ist in seiner Form einmalig und muss immer wieder neu erkundet werden. Bleiben Sie geduldig und kreativ. So werden Sie die Lösungen finden.

Viel Spaß und viel Erfolg.

Carsten Richter

abwechslungsreiche Rätsel für Erwachsene und Querdenker Teil 2
50 neue Codes und Denkaufgaben mit dem besonderen Anspruch

Carsten Richter

Die Deutsche Nationalbibliothek verzeichnet diese Publikation in der Deutschen Nationalbibliografie; detaillierte bibliografische Daten sind im Internet über http://dnb.dnb.de abrufbar.

© 2017 Carsten Richter

Illustration: Carsten Richter

Herstellung und Verlag: BoD – Books on Demand, Norderstedt

ISBN: 9-783-743-140-653

Inhaltsverzeichnis:

Einleitung

01. Welche Jahreszahl ist gesucht?
02. Welche einstellige Zahl ist gesucht?
03. Welche Stadt ist gesucht?
04. Welche Uhrzeit ist gesucht?
05. Welche Stadt ist gesucht?
06. Wie ist die Kombination des Zahlenschlosses?
07. Welche Zahl ist gesucht?
08. Welche Zahl ist gesucht?
09. Welche zweistellige Zahl ist gesucht?
10. Welche Stadt ist gesucht?
11. Welches Tier ist gesucht?
12. Welche Zahl ist gesucht?
13. Welche Figur ist gesucht?
14. Welche Uhrzeit ist gesucht?
15. Welche Stadt ist gesucht?
16. Welches Land ist gesucht?
17. Welche zweistellige Zahl ist gesucht?
18. Welche Stadt ist gesucht?
19. Welche Zahl ist gesucht?
20. Welche Zahl ist gesucht?
21. Welche Jahreszahl ist gesucht?
22. Welche Zahl ist gesucht?
23. Welche Zahl ist gesucht?
24. Welche Figur ist gesucht?
25. Welche Zahl ist gesucht?

26. Welche Uhrzeit ist gesucht?
27. Welche Zahl ist gesucht?
28. Welche europäische Stadt ist gesucht?
29. Welcher Name ist gesucht?
30. Welche Uhrzeit ist gesucht?
31. Welcher Name ist gesucht?
32. Welche Zahl ist gesucht?
33. Welche Zahl ist gesucht?
34. Welches Tier ist gesucht?
35. Welche Zahl ist gesucht?
36. Wie ist der Code des dreistelligen Zahlenschlosses?
37. Welcher sechsstellige Code ist gesucht?
38. Welches Land ist gesucht?
39. Welches Gebäude ist gesucht?
40. Welche Zahl ist gesucht?
41. Welches Wort ist gesucht?
42. Welche zweistellige Zahl ist gesucht?
43. Welche Zahl ist gesucht?
44. Welches Tier ist gesucht?
45. Welche Zahl ist gesucht?
46. Welche Figur ist gesucht?
47. Welche Zahl ist gesucht?
48. Welches Element ist gesucht?
49. Welche europäische Stadt ist gesucht?
50. Welcher dreistellige Code ist gesucht?

Einleitung

Die folgenden 50 Aufgaben weisen ein breites Spektrum an Schwierigkeitsstufen auf und erfordern sehr unterschiedliche Lösungsansätze. Nehmen Sie sich dabei Zeit und bewahren Sie Geduld. Für die verschiedenen Herangehensweisen gibt es kein Standardvorgehen. Daher müssen Sie flexibel denken.
Der Aufbau der Rätsel ist einheitlich. Unter der Überschrift, welche die grundlegende Aufgabe beschreibt, ist manchmal ein allgemein nötiger Hinweis. Daraufhin folgt das Rätsel. Eine durchgängige und gestrichelte Linie stellt den Abschluss des Rätsels dar. Den Bereich darunter sollten Sie vor dem Beginn abdecken, denn dort finden Sie den Lösungsteil. Vorab enthält dieser eine bestimmte Anzahl von Tipps, welche Sie auf die richtige Lösung bringen sollen. Im Anschluss gibt es eine Prüfung der Lösung, ohne die Lösung zu verraten. Hier können Sie Ihr Ergebnis prüfen. Darauf folgend sehen Sie die komplette Lösung mit Beschreibung.
Gehen Sie äußerst sparsam mit den Tipps und den Lösungen um. Wen Sie einmal nicht weiter wissen, dann versuchen Sie erst einmal die nächsten Rätsel und kommen später noch einmal zu der Aufgabe zurück.
Der Aufbau ist sehr vielseitig, dass Sie sich vor vorgefertigten Lösungswegen hüten müssen. Gehen Sie an jede Aufgabe vorbehaltlos heran und denken Sie in viele Richtungen.
Andere Hilfsmittel, beispielsweise Atlanten, Taschenrechner oder Lehrbücher, sind natürlich erlaubt. Sie können sich jeglicher Lektüren bedienen, was teilweise erforderlich ist (Koordinaten von Städten, Periodensystem, römische Zahlen und Binärcodes).

Rechen- und Lösungszahlen sind immer ganze Zahlen. Bei Ausnahmen wird im Rätsel explizit darauf hingewiesen.
Viel Erfolg beim Knacken der Codes und dem Lösen der Aufgaben.

Wissenswertes für die Aufgaben

Einige der Aufgaben beziehen sich auf römische Zahlen und dem Binärcode. Bevor Sie mit dem Lösen beginnen, sollten Sie sich damit befassen.

Römische Zahlen:

I =1
V =5
X =10
L =50
C =100
D =500
M =1000

Die Zahlen werden aus diesen Bausteinen zusammengesetzt. Durch Addition und Subtraktion ist jede beliebige Zahl darstellbar.
Wenn die kleinere Zahl vor einer höheren Zahl steht, dann wird Sie von der höheren Zahl abgezogen. So beispielsweise bei der 4. Sie wird als IV geschrieben. Somit rechnen Sie 5-1 und erhalten 4.
Anders die 6. Sie wird mit VI dargestellt. Rechnen Sie 5+1 und Sie erhalten 6.

Binärcode

Sie kennen den Code aus der Computersprache. Er besteht aus Einsen und Nullen. Mit dem Binärcode können alle Zahlenwerte dargestellt werden. Am einfachsten lässt er sich an einem Beispiel erklären.

Zur Übung den Code 1101.

Sie beginnen von hinten und rechnen:

2 (für 2 Varianten im Binärcode)
Hoch Null (letzte Stelle im Code ist immer hoch Null)
= 1 (Ein beliebiger Wert hoch Null ist immer 1)
Ergebnis 1 multiplizieren Sie mit eins aus dem Code. (Die letzte Stelle der Zahlenfolge)

> Sie erhalten 1 und notieren diese Zahl.

Weiter mit der vorletzten Zahl 0:
Sie rechnen:
2 hoch 1 = 2
2 x 0 = **0**

> Sie erhalten 0 und notieren diese Zahl.

Weiter mit der drittletzten Zahl 1:
2 hoch 2 = 4
4 x 1 = **4**

> Sie erhalten 4 und notieren diese Zahl.

Weiter mit der ersten Zahl 1:
2 hoch 3 = 8
8 x 1 = **8**

> Sie erhalten 8 und notieren diese Zahl.

Nun addieren Sie alle Einzelziffern und erhalten 13, was das Ergebnis ist. Zum veranschaulichen noch einmal folgende Tabelle („^" steht für Potenz, 4^3 bedeutet 4^3):

	1	0	0	1	0
	2^4	2^3	2^2	2^1	2^0
Ergebnis:	16	8	4	2	1
Rechne:	16x1	8x0	4x0	2x1	1x0
Wert:	16	0	0	2	0

Addition: 18

	1	0	1	1	1
	2^4	2^3	2^2	2^1	2^0
Ergebnis:	16	8	4	2	1
Rechne:	16x1	8x0	4x1	2x1	1x1
Wert:	16	0	4	2	1

Addition: 23

Allgemeiner Hinweis:
Im Internet können Sie sich auch diversen Programmen zur Umrechnung bedienen, sodass Sie den Binärcode schnell umwandeln können.

Wichtiger Hinweis:
Rechen- und Lösungszahlen sind immer ganze Zahlen. Bei Ausnahmen wird im Rätsel explizit darauf hingewiesen.

1. Welche Jahreszahl ist gesucht?

Na

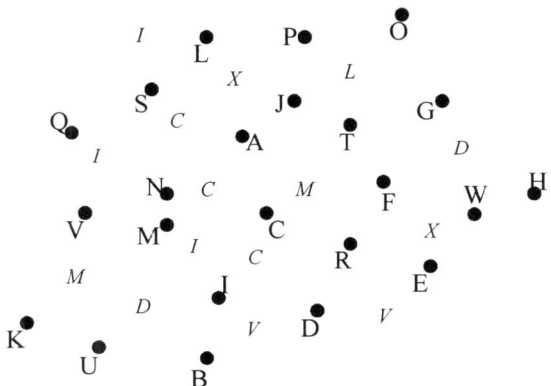

....

1. Auf dem Spielfeld sind Buchstabengruppen in 2 verschiedenen Schreibweisen.
2. Jede Buchstabengruppe erfüllt eine spezielle Aufgabe.
3. Die Punkte können verbunden werden.
4. Das Periodensystem der Elemente kann helfen.
5. Die Lösungszahlen sind umschlossen.
Lösungsprüfung: Die Quersumme ist 9.

An den schwarzen Punkten stehen überall große Buchstaben. Dazwischen sind römische Zahlen verteilt. Der Hinweis „Na" verweist auf das chemische Element Natrium. Die Punkte der einzelnen Buchstaben müssen verbunden werden. Danach sind einige eingeschlossene römische Zahlen ersichtlich. Diese können in nur einer Reihenfolge aufgeschrieben werden.
Die Lösung ist: MDCCI (1701).

2. Welche einstellige Zahl ist gesucht?

| 13 | x | 17 | + | 9 | + | 6 | = | |

$13 + 6 =$ **6**
$17 + 9 - 13 =$ **1**
$13 - 6 - 17 =$ **1**
$9 + 6 =$ **10**

....

1. Rechenaufgaben können Variablen enthalten.
2. Die Werte der Lösungsgleichung müssen anders sein.
3. Variablen müssen nicht mit Buchstaben dargestellt werden.
4. Sie benötigen 4 Gleichungen um 4 Variablen zu berechnen.
5. Berechnen Sie die richtigen Werte für die Zahlen und setzen Sie diese ein.
Lösungsprüfung: Die Quersumme des Quadrates der Lösung ist 7.

Da das Ergebnis einstellig ist muss bei der Hinweisaufgabe etwas verändert werden. Darauf deuten auch die 4 Gleichungen, welche auf dem ersten Blick falsch sind. Sehen Sie die einzelnen Zahlen als Variablen. Wenn Sie die 4 Gleichungen umstellen und lösen erhalten Sie folgende Werte: 13=2, 17=-3, 9=6, 6=4. Setzen Sie diese Zahlen in die Aufgabe ein und Sie erhalten das richtige Ergebnis: 4.

3. Welche Stadt ist gesucht?

__ __ __ __ __

-8 | -4 | -6 | -2 | -4 ▒ __ ▒

-6 | -5 | -1 | -2 | -1 | 3 | 6 ▒ ▒ __

3 | 6 | 9 | 5 | 10 | 13 __ ▒ ▒

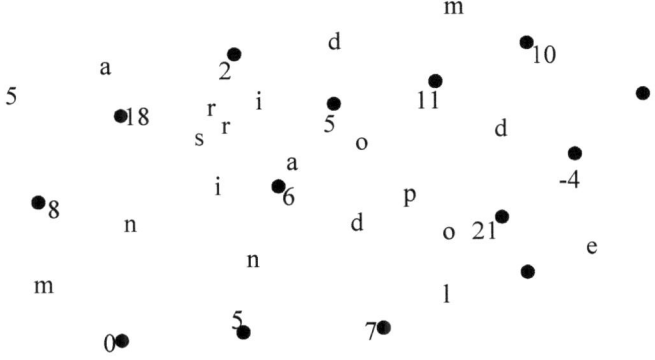

1. 3 Zahlenfolgen müssen zuerst gelöst werden.
2. Nur einige Zahlen der Folgen sind für die Lösung relevant.
3. Zahlen und Buchstaben haben jeweils eine Aufgabe.
4. Die Zahlen müssen in einer bestimmten (naheliegenden) Reihenfolge verbunden werden.
5. Das „X" markiert den Punkt.
Lösungsprüfung: Die Summe der Buchstaben (Position im Alphabet) ist 63.

Zuerst müssen die 3 Zahlenfolgen gelöst werden. Erste Folge: Rechnung: +4, -2 Lösung: 0,-2,2 | Zweite Folge: Rechnung: +1, +4, x2 Lösung: 7, 11, 22 | Dritte Folge: Rechnung: x2, +3, -4 Lösung: 9, 18, 21. Für die Lösung werden nur die Zahlen der grauen Felder benötigt. Diese müssen der Größe nach verbunden werden. Jetzt gilt es zu erkennen wie aus dem Gebilde eine Stadt zu finden ist. Die Anzahl der Buchstaben ist bekannt (Lösungsvorlage). 5 Buchstaben befinden sich an den 5 Kreuzungen der Linien. Es sind die Buchstaben der Stadt Paris.

4. Welche Uhrzeit ist gesucht?

___:___ Uhr (Nachmittag)

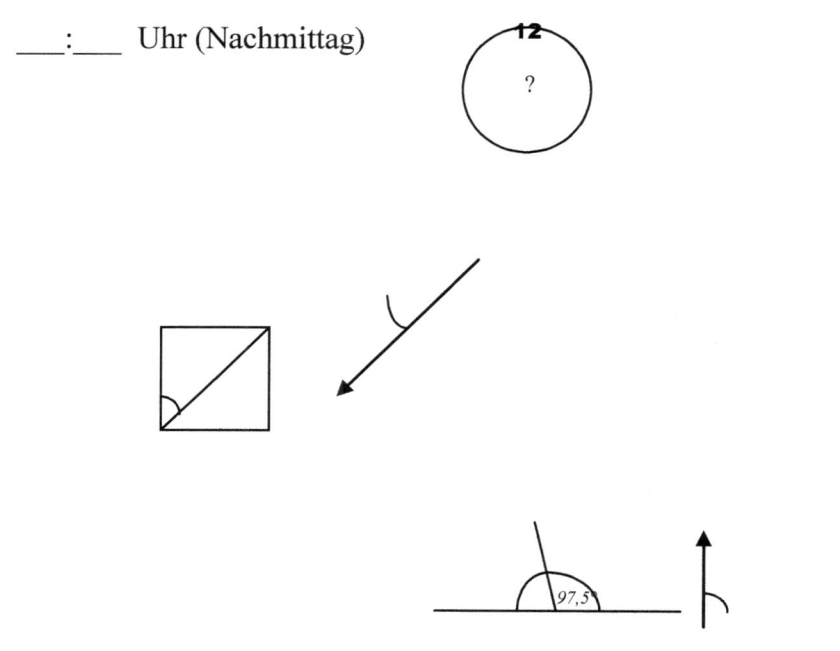

....

1. Stunden und Minuten sind gesucht, so wie 2 Pfeile zu erkennen sind.
2. Es gibt einen langen und einen kurzen Zeiger, wie es einen langen und einen kurzen Pfeil gibt.
3. Der Stand der Zeiger einer Uhr kann in Winkel angegeben werden.
4. Die Pfeile sind die nötige Hilfe zur Anwendung der Winkel.
5. Die Pfeile haben einen kleinen Winkelbogen als Hinweis.
Lösungsprüfung: Die Summe der Zahlen ist 14.

Am Lösungsvordruck ist zu sehen, dass nur Stunden und Minuten gesucht werden. Daneben ist ein Hinweis auf ein Ziffernblatt. Somit ist zu schlussfolgern, dass die Lösung mit einer analogen Uhr zu finden ist. Der große Pfeil steht für den großen Zeiger und der kleine für den kleinen Zeiger. Die Position der Pfeile ist gleichzeitig die Abtragungslinie der Lösungswinkel. Da es keine anderen Hinweise gibt ist dies naheliegend. Außerdem weisen die Pfeile kleine Winkelbögen zur Hilfestellung auf. Im Quadrat sind die Winkel alle 90°. Die gesuchte Hälfte für den großen Pfeil beträgt 45 °. Abgetragen am großen Pfeil zeigt dieser auf die 45 im Ziffernblatt. Die Nebenwinkel auf einer geraden Linie ergeben in Summe 180°. Somit liegt der kleine Pfeil auf 82,5°. Abgetragen von einer senkrechten Linie in die gezeigte Richtung lautet die Lösungszeit 14:45 Uhr.

5. Welche Stadt ist gesucht?

1 | 3 | 6 | 2 | 4 | 8 | 4 | 6 | 12 | ___ + ___ + ___ = ___ ° N

2 | 3 | ___ + ___ + ___ | 13 | 17 | 19 | 23 | 29 = ___ ° O

....

1. Sie benötigen einen Atlas mit Längen- und Breitengraden.
2. Eine kurze Rechenaufgabe mit den gelösten Zahlen der Zahlenfolgen führt zum Ziel.
3. Der Algorithmus der ersten Folge hat 3 Schritte.
4. Die Zahlen der zweiten Folge sind Zahlen eines bestimmten Typs.
5. Rechnen Sie die nördliche Länge und die östliche Breite aus.
Lösungsprüfung: Die Summe der beiden Koordinaten ist 61.

Bei der ersten Zahlenfolge rechnen Sie +2, x2, -4 hintereinander weg. Sie ergänzen dadurch die Zahlenfolge mit 8, 10, 20. Addieren Sie diese Zahlen um die nördliche Breite von 38° zu errechnen. Die zweite Zahlenfolge sind Primzahlen. Es fehlen die 5, 7, 11. In Summe ergeben diese 23° östliche Länge. Osten und Norden ist jeweils an O und N zu schlussfolgern. Lesen Sie diese Koordinaten im Atlas ab und Sie entdecken Athen.

6. Wie ist die Kombination des Zahlenschlosses?

Verwenden Sie alles.

1. Zahl   00101   00011

2. Zahl   01100   01001

3. Zahl   00010   00100

4. Zahl   10100   00101

/   -   x   +

....

1. Die Zahlen bei Zahlenschlössern sind einstellig.
2. Die gezeigten Rechenzeichen müssen verwendet werden (Hinweis).
3. Die einzelnen Zahlenkombinationen lassen nicht jedes Rechenzeichen zu.
4. Jedes Zeichen muss einmal verwendet werden.
5. Die Kombination ist vierstellig.
Lösungsprüfung: Die Summe der 4 Zahlen ist 23.

Jede Zahl hat eine Auswahl von 2 Ziffern als Binärcode dargestellt. Da Zahlenschlösser aus Einzelziffern bestehen, muss jedesmal eine einstellige Zahl errechnet werden. Die beiden Ziffern der ersten Zahl (3 und 5) können nur durch Addition oder Subtraktion verbunden werden. Bei der zweiten Zahl ist nur eine Subtraktion (12-9) sinnvoll. Somit wird bei der ersten Zahl addiert, da jedes Rechenzeichen nur einmal zur Verfügung steht. Übrig bleiben x und /. Die letzte Zahl (20 und 5) muss geteilt werden. Somit werden 2 und 4 bei der dritten Zahl multipliziert. Sie errechnen die Kombination: 8,3,8,4.

7. Welche Zahl ist gesucht?

Summe: 5

....

1. Zur Darstellung werden 2 Symbole verwendet.
2. Der Binärcode besteht aus 2 Zahlen.
3. Die Zahlen eines Binärcodes können addiert werden.
4. Die Summe ist ein Hinweis auf die Werte der Zeichen.
5. Die Zeichen sind ein Binärcode und ergeben in Summe 5.
Lösungsprüfung: Die Quersumme ist 10.

Die Zahl wird mit 2 verschiedenen Zeichen dargestellt, was auf den Binärcode schließen lässt. Die Summe hilft bei der Zuordnung der Zahlen Eins und Null. Da die Summe aller Zahlen 5 ist, muss das fünfmal vorhandene Zeichen (Dreieck) die 1 darstellen. Der Code lautet somit 101110010. Die Lösung ist 370.

8. Welche Zahl ist gesucht?

									Susi	
sehen										
hören										
riechen										
schmecken										
fühlen										

Katja (26 Jahre) und Maik (26 Jahre) können alles außer fühlen. Die 40-jährige Steffi kann alles. Matthias ist 25 Jahre und kann nichts. Beate (68 Jahre) und Christine (56 Jahre) können nicht hören und nicht schmecken. Wolfgang ist 70 Jahre und kann nur hören, riechen und schmecken. Thomas ist 43 Jahre und kann alles außer sehen und fühlen. Susi ist 26 Jahre und kann alles. Markus ist 35 Jahre und kann nichts. Eberhard ist 62 Jahre und kann alles außer riechen.

1. Es muss die richtige Reihenfolge für die Personen gefunden werden.
2. Das Alter ist eine wichtige Angabe.
3. Auch das Geschlecht ist bekannt.
4. Für jeden Sinn können ein Ja oder ein Nein eingetragen werden.
5. Die Lösung ergibt sich aus dem Ganzen.
Lösungsprüfung: Die Quersumme ist 5.

Die Personen müssen zuerst in die Spalten eingetragen werden. Zu jeder Person ist das Alter bekannt. Daraus lässt sich schließen, dass die Personen nach Alter sortiert werden. Da Susi bereits in der Tabelle steht ist die Richtung der Einordung ersichtlich. Es ist auch erkennbar, dass Männer und Frauen immer abwechselnd aufgeführt werden. Daraus ist die Sortierung von Katja und Maik zu schließen. Nun tragen Sie einfach ein Zeichen für Ja und ein Zeichen für Nein in die Spalten ein. Sie werden am Ende eine römische Zahl lesen können. Diese lautet XLI was für 41 steht.

9. Welche zweistellige Zahl ist gesucht?

___ ___ ___ ___   _____

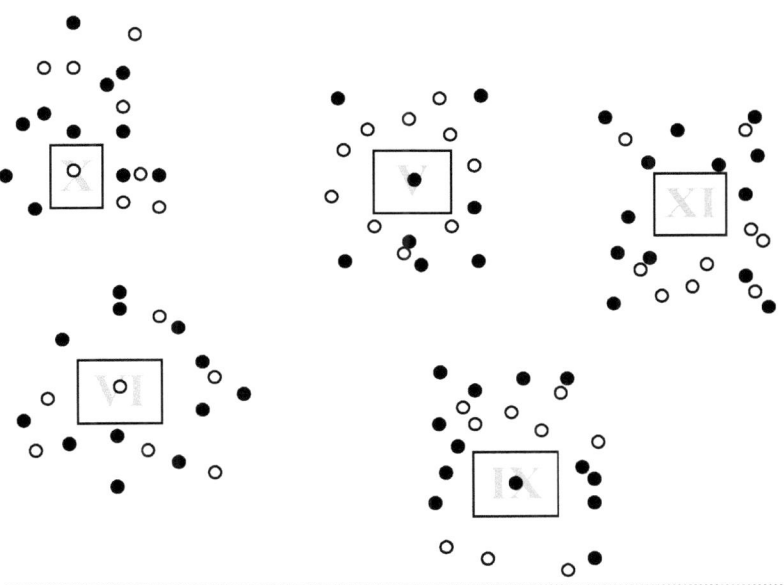

1. Die Lösungszahl wird in einer fünfstelligen römischen Zahl dargestellt. Dies zeigt einer der beiden Hinweise.
2. Es gibt 2 Arten von Kreisen.
3. Jede gerade Zahl hat einen hellen Kreis als Zentrum.
4. Zur Lösungsfindung muss gezeichnet werden.
5. Die dunklen Kreise stehen für die 1.
Lösungsprüfung: Die Quersumme ist 11.

Der Hinweis deutet an, dass die Zahl durch einen anderen Code dargestellt wird, da die zweistellige Lösung 5 Stellen hat. Außerdem ist durch die Linie ein Hinweis auf eine zeichnerische Lösung mit Geraden gegeben. Jede römische Zahl wird im Binärcode durch die umliegenden Kreise erneut abgebildet. Der dunkle Kreis steht für die 1 und der helle für die 0. Die Punkte im Zentrum der Zahlen sind die erste Stelle des Codes. Ziehen Sie nun eine Linie in jede Richtung, ausgehend vom Zentrum, in welcher die Zahl als Binärcode auf einer Geraden liegt. Auf diese Weise zeichnen Sie 5 neue römische Ziffern. Diese lauten LXXIV. Dass die beiden unteren Felder in der Reihenfolge IV und nicht VI verwendet werden lässt sich schlussfolgern, denn die anderen Zahlen bereits in der richtigen Reihenfolge gegeben sind. Eine andere Reihenfolge als LXX wäre nicht möglich. Die Lösung ist 74.

10. Welche Stadt ist gesucht?

Breite: ___,___ ° N   Länge: ___,___ ° O

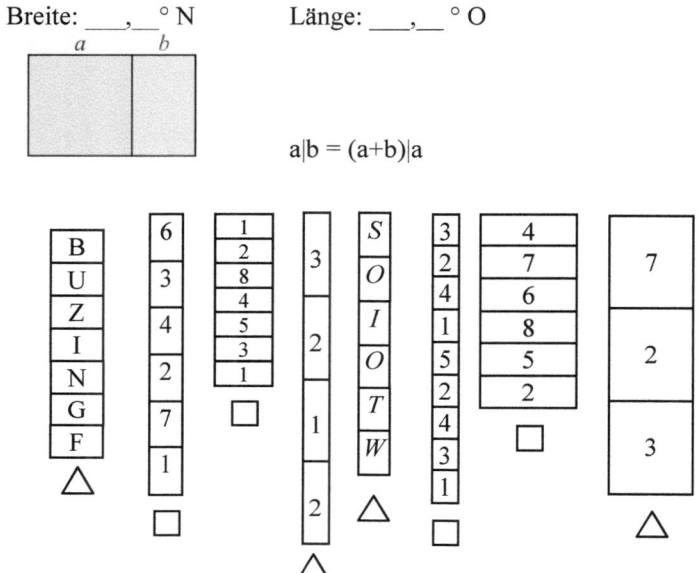

a|b = (a+b)|a

1. Die Formel und die Zeichnung stellen ein besonderes mathematisches Verhältnis dar.
2. Die Lösung hat 8 einzelne Positionen in der Lösung.
3. Die Lösung sind Koordinaten.
4. Jede Säule stellt eine Position der Lösung dar.
5. Dreieck und Viereck sind wichtig für die Anwendung des goldenen Schnittes.
Lösungsprüfung: Die Summe der beiden Koordinaten ist 64,3.

An den Hinweisen Breite und Länge sowie N und O ist die Art der Lösung klar. Die Koordinaten beziehen sich auf die nördliche Breite und die östliche Länge. Außerdem erkennen Sie durch das Komma, dass mit (einer) Dezimalstelle gearbeitet wird. Bei der Zeichnung handelt es sich um den goldenen Schnitt. Auch die Formel verweist darauf. Grob gerechnet ist eine Strecke einer Linie 62% lang und die andere 38%. Dieser Schnittpunkt ist der Marker auf einer Strecke. An jeder Säule muss eine Strecke in entsprechender Länge angehalten werden, damit die korrekten Zahlen oder Buchstaben markiert sind. Dazu sind die Symbole unter den Säulen hilfreich. „N" und „O" müssen in der Lösung abgebildet werden. Das lässt sich schlussfolgern, da die Säulen irgendwie die Lösung zeigen müssen. Die linke Säule hat nur den Buchstaben N. Ein anderer Buchstabe zur Lösung wäre nicht sinnvoll. Somit ist der Lösungsweg klar. Es muss erkannt werden wie der goldene Schnitt abgetragen werden muss damit der Buchstabe N markiert ist. Aus dem Dreieck darunter kann man schließen, dass alle Säulen mit Dreieck aus der gleichen Richtung abgetragen werden müssen. Das Viereck steht somit für die andere Richtung. Sie werden die Koordinaten: 48,1° N und 16,2° O ablesen, was für die Lösung Wien steht.

11. **Welches Tier ist gesucht?**

THIWEGVOUDEIGHDEFLRFDERUO

....

1. Die Rechtecke sind der Schlüssel zur Lösung.
2. Die Rechtecke deuten eine bestimmte Zahlenfolge an.
3. Leonardo Fibonacci
4. Die richtigen Buchstaben müssen gesucht werden.
5. Zählen Sie die Buchstaben ab.
Lösungsprüfung: Ein Tier mit 5 Buchstaben und einem „R" am Ende.

Der Flächeninhalt eines Rechteckes ist immer die Summe der beiden vorigen Rechtecke. Genauso verhält es sich bei der Fibonacci Folge. Sie lautet: 0,1,1,2,3,5.... Da kein Buchstabe an nullter Stelle stehen kann und auch nicht 2 Buchstaben an erster Stelle fängt die Folge etwas modifiziert bei der 1 an. Das ist zu schlussfolgern wenn man einmal den Algorithmus erkannt hat. Wenn man nun die Buchstaben abzählt (1,2,3,5,8) erhält man das Wort Tiger.

12. Welche einstellige Zahl ist gesucht?

natürliche Zahlen   △ = △ = △ = △

```
/6    x8
+4       +1  +3    /7
      /5  +21  +5    +4
             -1
+8           +15   +21
      /3
```

___ / ___ x ___ - ___ = ▢

....

1. Der geometrische Hinweis kann mit 2 Geraden umgesetzt werden.
2. Teilen Sie das Quadrat durch 2 Diagonale in 4 rechtwinklige Dreiecke.
3. Jedes Dreieck steht für eine Zahl.
4. Führen Sie die Zahlen der Dreiecke zu einer Aufgabe zusammen.
5. Es gibt nur eine Zahlenverteilung für die Gleichung.
Lösungsprüfung: Die Buchstaben des Zahlwortes ergeben in Summe 63.

Dem Hinweis ist zu entnehmen, dass 4 rechtwinklige, gleichschenklige Dreiecke der gleichen Größe nötig sind. 2 Diagonale im Quadrat sind die naheliegende Herangehensweise. Es entstehen 4 Teilbereiche mit einer Auswahl an Zahlen und ihren Rechenzeichen. Im Hinweis ist die Einschränkung der natürlichen Zahlen zu lesen. Mit dieser Einschränkung gibt es in jedem Teilbereich nur eine mögliche Zusammenstellung der Zahlen. 21/7+5+4=12, 15/3-1=4, 21+4/5+8=13, 3x8/6+1=5. Die Ergebnisse können nur auf eine Art in die gegebene Gleichung verteilt werden, da das Ergebnis einstellig sein soll. 12/4x5-13=2. Die Lösung ist 2.

13. **Welche Figur ist gesucht?**

18 | 9 | 27 | 9 | 36	○	○ 4
3 | 10 | 5 | 15 | 12	○	○ 3
10 | 2 | 8 | 14 | 2 | 8	○	○ 12
3 | 7 | 13 | 17 | 3	○	○ 9
12 | 20 | 8 | 20	○	○ 22
3 | 7 | 12 | 16 | 21	○	○ 18

....

1. Teile der rechten Spalte können Teilen der linken Spalte zugeordnet werden.
2. Manchmal ist keine Zuordnung möglich.
3. Es handelt sich um keine klassischen Zahlenfolgen.
4. gemeinsame Vielfache
5. Es ist eine geometrische Lösung.
Lösungsprüfung: Die zugeordneten Zahlen der rechten Spalte ergeben das Produkt 108.

In der linken Spalte haben manche Zahlenreihen einen gemeinsamen Teiler, welcher in der rechten Spalte zu finden ist. Die Zahlen der ersten Zeile der linken Spalte haben mit 3 und 9 sogar 2 gemeinsame Teiler. Die andere Zahlenreihe ist die vorletzte Reihe mit dem Teiler 4. Die anderen Reihen haben keine Gemeinsamkeit beziehungsweise keinen Partner in der rechten Spalte. Wenn Sie die Punkte der zusammengehörigen Zahlen verbinden, dann lässt sich die Lösung erkennen. Es ist ein Dreieck.

14. Welche Uhrzeit ist gesucht?

Kolumbus - Amerika

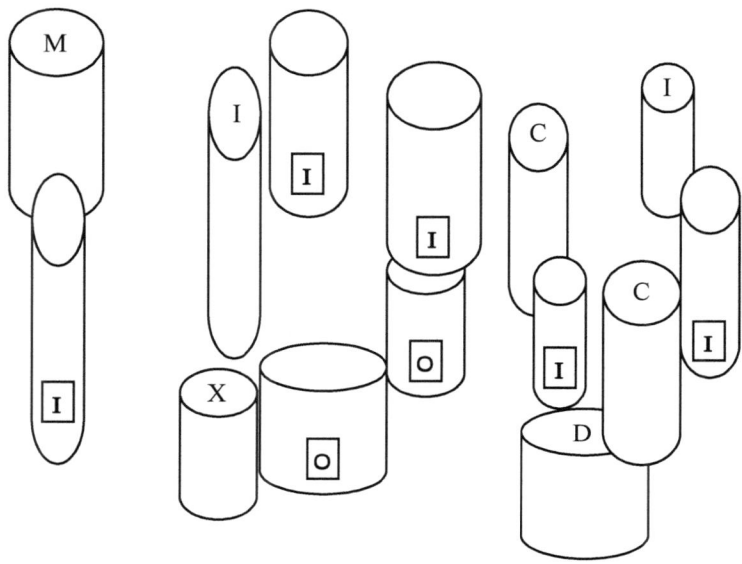

1. Jede Säulenform ist doppelt vorhanden.
2. So wie jede Form doppelt vorhanden ist gibt es auch römische Zahlen und „Binärzahlen".
3. Beim Militär wird Zeit auf eine bestimmte Weise angegeben.
4. Der Binärcode muss in die richtige Reihenfolge gebracht werden.
5. Eine dreistellige Zahl ist die Lösung.
Lösungsprüfung: Die Quersumme der Lösungszahl ist 4.

Kolumbus entdeckte Amerika im Jahre 1492. Diese Jahreszahl müssen Sie aus dem Hinweis ableiten. Suchen Sie nun alle römischen Zahlen heraus und schreiben Sie die Jahreszahl mit diesen römischen Ziffern. Da jede Säule ein Zwilling mit einer 1 oder 0 hat, muss dieser Zwilling den römischen Zahlen zugeordnet werden. Bei C und I gibt es zwei mögliche Verteilungen. Da aber beide Säulen jeweils mit der gleichen Binärzahl belegt sind ist die Position egal. Als Lösung erhalten Sie die Zahl 1100111, was für 103 steht. Jetzt muss aus dieser Zahl eine Uhrzeit geschlossen werden. Die Uhrzeit ist in militärischer Schreibweise dargestellt. 103 steht für 0103. Also in vertrauter Schreibweise 1:03 Uhr.

15. Welche Stadt ist gesucht?

```
9      20    -1    14    28    39    6     8
•      •     •     •     •     •     •     •
L                  E     N           U  S  R
                         O                     U
       A      L                A
              D          P         G
M  W                                    S  A
   E          A    K           N
•      •     •     •     •     •     •     •
7      15    24    12    9     0     29    3
```

....

| 1. Es gibt Zahlenpaare zwischen der oberen und der unteren Reihe. |
| 2. Der Algorithmus der zusammengehörigen Zahlen ist immer gleich. |
| 3. Für die Lösung müssen Sie einige Geraden korrekt zeichnen. |
| 4. Zahlen haben Vorgänger und Nachfolger. |
| 5. Das Kreuz markiert den Buchstabe. |
| Lösungsprüfung: Die Summe der Buchstaben ist 48. |

Verbinden Sie die Zahlen der oberen Reihe mit ihrem Nachfolger in der unteren Reihe. Die Geraden kreuzen sich über einigen Buchstaben. Diese Buchstaben in der richtigen Reihenfolge ergeben die Lösung: Genua.

16. Welches Land ist gesucht?

Produkt: 210

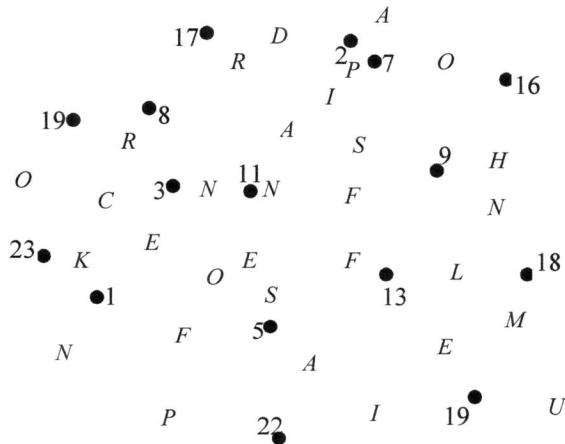

1. 4 Faktoren sind gesucht.
2. Alle Faktoren sind Primzahlen.
3. Verbinden Sie die Faktoren auf sinnvolle Weise mit 3 Strichen.
4. Das Ergebnis ähnelt einem Viereck.
5. Die richtigen Buchstaben sind von den anderen getrennt.
Lösungsprüfung: Das Land hat 7 Buchstaben.

Die gesuchten Faktoren sind 2, 3, 5 und 7. Hierzu müssen Sie probieren. Jede Zahl lässt sich auf die kleinsten Elemente, die Primzahlen, zerlegen. Man teilt die Zahl dazu nacheinander durch die kleinstmöglichen erkennbaren Zahlen. Wenn Sie diese Zahlen der Größe nach verbinden werden Sie ein Viereck erkennen. Darin stehen die richtigen Buchstaben für die Lösung: Spanien.

17. Welche zweistellige Zahl ist gesucht?

0'' ist das Doppelte der Zahl 1'. Das Dreifache von 1' ist die Zahl 1''. Die Summe von 1' und 1'' ist 12. Das Doppelte von 1 ist 0'. 0' und 0'' ergeben die Summe 8. Die 5 entspricht 0 und steht zwischen den Zahlen 9 und 3. Die dritte Zahl ist der Nachfolger der ersten Zahl und der Vorgänger der letzten Zahl.

....

1. Gegeben ist eine sechsstellige Zahl.
2. Die Variablen sind der Schlüssel zur Lösung.
3. Lösen Sie zuerst die Variablen 0'', 1' und 1''.
4. Teilen Sie der Lösungszahl die Variablen zu.
5. Der Oberstrich dient nur der Unterscheidung.
Lösungsprüfung: Die Quersumme ist 10.

0, 0', 0'', 1, 1' und 1'' sind Variablen. Sie müssen zuerst herausfinden welche Zahlen zu den Variablen gehören. 0'' ist das Doppelte von 1'. 1'' ist das Dreifache von 1'. Da 1' und 1'' die Summe 12 ergeben können die Werte 3 und 9 errechnet werden. Somit kann auch 0'' mit dem Wert 6 belegt werden. Die Summe von 0'' und 0' ist 8. Daher hat 0' den Wert 2. 1 ist die Hälfte von 0' und somit 1. 5 wird als Wert mit erwähnt. Somit sind alle Zahlen der Lösung bekannt. Der Hinweis mit Vorgänger und Nachfolger lässt die Zahlen 1, 2 und 3 direkt verteilen. Da die 5 zwischen 9 und 3 steht können die Zahlen ebenfalls notiert werden. Im nächsten Schritt ordnen Sie die Variablen den Zahlen zu und erkennen den Binärcode: 100101. Die Lösung ist 37.

18. **Welche Stadt ist gesucht?**

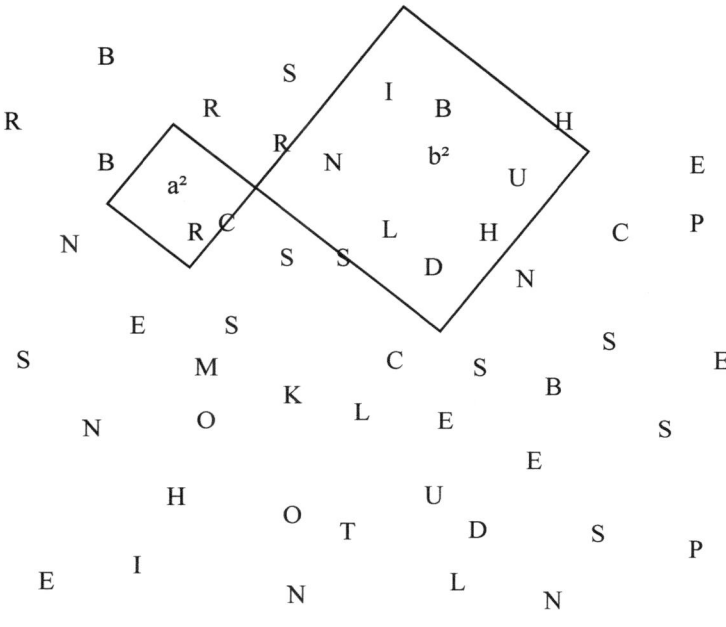

1. Die Lösung ist geometrisch.
2. Lehrsatz eines rechtwinkligen Dreiecks.
3. Es gibt 2 kleine Buchstaben mit einem Quadrat.
4. Satz des Pythagoras.
5. Das dritte Viereck markiert die Lösung.
Lösungsprüfung: Die Stadt hat 9 Buchstaben.

$a^2+b^2=c^2$. Die beiden Quadrate von a und b sind gegeben. Sie sehen auch die Bezeichnungen in dem Buchstabenfeld. Aus diesen lässt sich schließen, dass die beiden Quadrate verbunden betrachtet werden müssen. Es handelt sich um eine typische Darstellung des Satzes von Pythagoras. Zeichnen Sie das Quadrat von c und Sie grenzen die Lösungsbuchstaben von den anderen ab. Richtig geordnet ergeben die Buchstaben: Stockholm.

19. Welche Zahl ist gesucht?

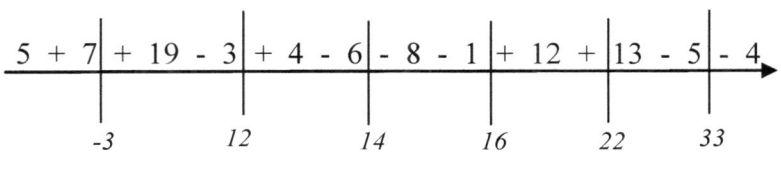

1. Sie benötigen eine Grenzzahl für die Kettenaufgabe.
2. a verhält sich zu b wie c zu d.
3. Finden Sie das richtige Rechenzeichen zur Berechnung.
4. Das Ergebnis muss auf dem Strahl zu finden sein.
5. Führen Sie eine Addition durch.
Lösungsprüfung: Die Quersumme ist 8.

Die Aufgabe ist eine normale Verhältnisgleichung. 9:6 = 15:10. Jetzt muss der nächste Schritt erkannt werden. Das „=" und das noch freie graue Feld lassen auf eine weitere Berechnung schließen. Welche Sie anwenden finden Sie durch probieren heraus. Es macht nur eine Addition Sinn denn die Ergebnisse mit anderen Rechenzeichen sind nicht auf dem Strahl vorhanden. Rechnen Sie die Kettenaufgabe bis zum Marker der Zahl 16 aus. Das Ergebnis ist 17.

20. Welche Zahl ist gesucht?

1010011010110101101001101001111101011110

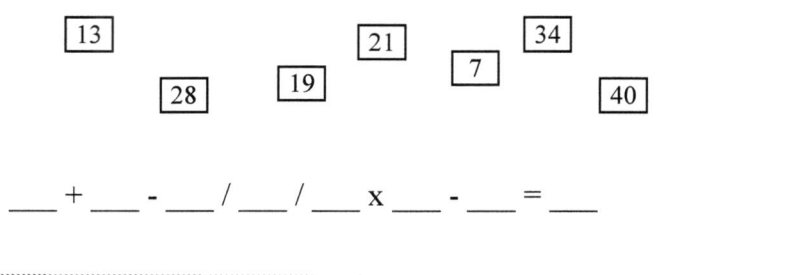

___ + ___ - ___ / ___ / ___ x ___ - ___ = ___

....

1. Im Binärcode steckt die Kettenaufgabe.
2. Die Kettenaufgabe hat so viele Glieder wie Zahlen gegeben sind.
3. Es sind 40 Einsen und Nullen gegeben.
4. Der Binärcode muss unterteilt werden.
5. Jede Zahl ist Teiler des Codes.
Lösungsprüfung: Die Quersumme ist 4.

Tragen Sie jede Zahl von Beginn an ab. Das sollte sich spätestens dann erkennen lassen, wenn man entdeckt, dass die höchste Zahl gleich der Anzahl der Einsen und Nullen ist. Die Zahlen müssen nun nacheinander in die Kettenaufgabe eingesetzt werden. Die Zahl vom Teiler 7 steht an erster Stelle. Die Zahl vom Teiler 13 an zweiter und so fort. Das lässt sich schlussfolgern, da eine Anordnung der Zahlen anhand der aufgeführten Positionen der Teiler ein Ergebnis mit Dezimalstellen zur Folge hat. Und dies ist gemäß den Regeln der Rätsel nicht gestattet. Also liegt eine Verteilung nach der Größe der Teiler am nächsten.
Die Lösungsgleichung ist: 83+43-22/2/52x61-30=31

21. Welche Jahreszahl ist gesucht?

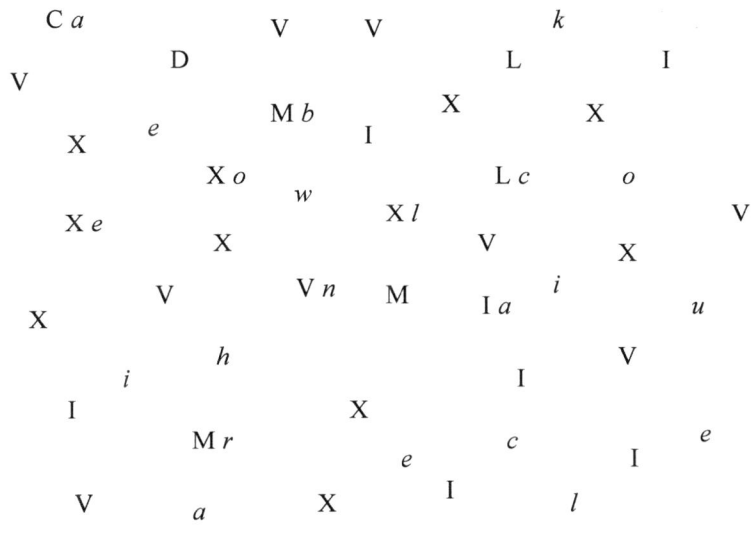

| 1. Die Jahreszahl wird mit einer römischen Zahl dargestellt. |
| 2. Die kleinen Buchstaben spielen eine wesentliche Rolle. |
| 3. Manchmal stehen Buchstaben und römische Zahlen auffällig akkurat zusammen. |
| 4. Die richtigen römischen Zahlen müssen in eine Reihenfolge gebracht werden. |
| 5. Ein Stadtname ist der richtige Weg. |
| Lösungsprüfung: Die Quersumme ist 24. |

Es gibt 2 Gruppen von Buchstaben, erkennbar an der Schreibweise. Die großen Buchstaben sind ausschließlich römische Zahlen. Diese bieten sich zur Darstellung einer Jahreszahl ideal an. Somit kann man auf die Rolle der kleinen Buchstaben schließen. Sie dienen der korrekten Auswahl der römischen Zahlen sowie der richtigen Reihenfolge. Eine Besonderheit ist, dass manche Buchstabenpaare auffällig eng beieinander stehen. Schreiben Sie sich diese Kombinationen heraus. Sie erhalten dadurch 9 Buchstabenpaare. Teilweise kann die römische Zahl nun schon zusammengesetzt werden. Eine Hilfe sind die kleinen Buchstaben. In der richtigen Reihenfolge ergeben sie die Stadt Barcelona. Die römische Zahl lautet MCMLXXXVI, was für 1986 steht.

22. **Welche Zahl ist gesucht?**

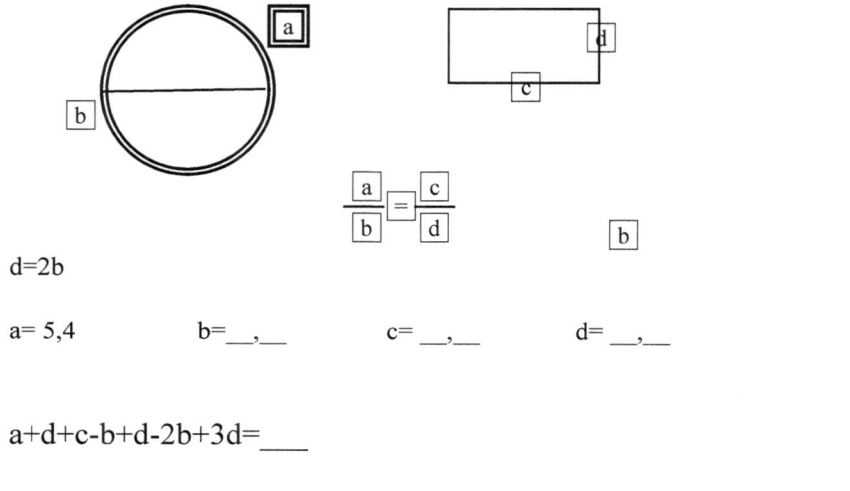

d=2b

a= 5,4   b=__,__   c= __,__   d= __,__

a+d+c-b+d-2b+3d=___

....

1. Ein Verhältnis ist bekannt.
2. Die Strecke "b" kann errechnet werden.
3. Die Zahl Pi.
4. Alle vier Variablen können errechnet werden.
-
Lösungsprüfung: Die Quersumme ist 10.

Die Längen a und b lassen sich errechnen, da das Verhältnis von Kreisdurchmesser zum Umfang immer gleich ist. Der Hinweis: d=2b lässt auf d schließen. Mit d errechnen Sie c. Setzen Sie die Werte in die Gleichung ein und Sie errechnen die Lösung 28.

23. Welche Zahl ist gesucht?

4 Geraden für jeweils 3 Zahlen.

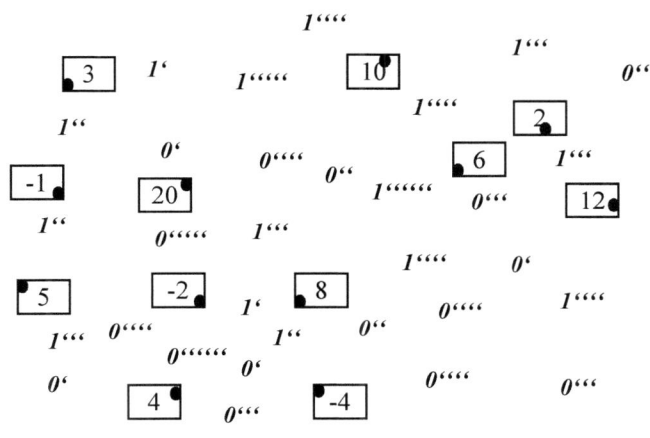

_ _ _ _ 0" _

1. Es gehören immer drei Zahlen zusammen.
2. Die Lösung ist geometrisch.
3. Rechnen Sie x2 und x2.
4. Die richtigen Zahlen sind im Viereck.
5. Die Lösung gibt Hinweis über die richtige Reihenfolge.
Lösungsprüfung: Die Quersumme ist 10.

Zuerst müssen Sie erkennen welche Zahlen zusammengehören. Aus dem Hinweis ist zu schließen, dass immer 3 Zahlen zusammengehören und somit alle 12 Zahlen verwendet werden. Für die richtigen Zahlen müssen Sie die kleinste Zahl einfach zweimal verdoppeln, z.B. 2-4-8. Die Reihenfolge der Zahlen auf der Gerade ist nicht wichtig. Verbinden Sie die Zahlen -1, -2, -4 | 2, 4, 8 | 5, 10, 20 und 3, 6, 12. Es entsteht ein Viereck. Im Inneren stehen Nullen und Einsen mit Oberstrichen. Die Oberstriche geben Auskunft über die Position in der Lösungszahl. Die bereits eingetragene Null lässt darauf schließen, dass die Zahlen der Größe nach von hinten an eingetragen werden, da zwei Oberstriche an vorletzter Stelle stehen. Sie erhalten den Binärcode 100101. Er steht für die Lösung 37.

24. Welche Figur ist gesucht?

Kette		Ergebnis
3 | 5 | -4 | 7 | 5	○	○ 15
11 | 5 | -3 | 4 | 17	○	○ 12
-11 | 4 | 3 | -7 | 1	○	○ -14
12 | 3 | 5 | -2 | 3	○	○ 5
-14 | -15 | 8 | 12 | 5	○	○ -12
0 | -7 | 6 | 14 | 9	○	○ 3
4 | 0 | 2 | -6 | -1	○	○ 15
4 | -7 | 5 | 7 | 1	○————————	○ 8

---

1. Eine Lösung ist gegeben.
2. Erkennen Sie die Kettenaufgabe.
3. Verwenden Sie die richtigen Rechenzeichen.
4. Die Lösung ist geometrisch.
5. Nur 4 Kettenaufgaben (inklusive Hilfe) führen zum richtigen Ergebnis.
Lösungsprüfung: Ein ganz bestimmtes Viereck.

Die letzte Zeile dient als Hinweis zur richtigen Lösung. Durch probieren ist erkennbar, dass es sich um eine Kettenaufgabe handelt. 4+(-7)+5+7-1= 8. Diese Rechenschritte müssen bei den anderen Aufgaben ebenfalls angewandt werden. So errechnen Sie in der dritten Zeile -12. Die vierte Zeile hat 15 zum Ergebnis. Es müssen 2 Linien gezogen werden. Die fünfte Zeile führt zur -14. Verbinden Sie die Punkte mit den Punkten der Ziele und Sie werden das Ergebnis, ein Drachenviereck, erkennen.

25. **Welche Zahl ist gesucht?**

(4+4)/5x6-3-3

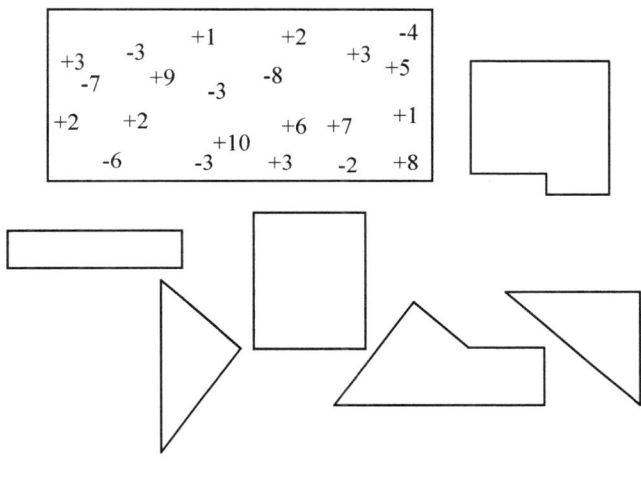

1. Die Kettenaufgabe bezieht sich auf geometrische Eigenschaften.
2. Die Anzahl der Zahlen der Aufgabe stimmt mit der Anzahl der leeren Figuren überein.
3. Die Summe der Flächeninhalte aller Figuren entspricht dem Flächeninhalt des Rechteckes.
4. Die Figuren dürfen nicht gedreht werden.
5. Zählen Sie die Ecken der einzelnen Figuren.
Lösungsprüfung: Eine negative Zahl mit der Quersumme 9.

Es gibt zwei Vierecke, zwei Dreiecke, ein Fünfeck und ein Sechseck. Das sind auch die Zahlen der Kettenaufgabe. Verteilen Sie die Figuren so, dass diese komplett das Rechteck ausfüllen. Die Figuren dürfen nicht gedreht werden. Wäre das möglich, dann gäbe es Mehrfachlösungen (mindestens 2). Nach der Verteilung sind die Zahlen ebenfalls getrennt und werden nun ausgerechnet. Tragen Sie die entsprechenden Zahlen in die passende Stelle der Kettenaufgabe ein. Sie erhalten die Aufgabe: (9+12)/3x-2-6+2=-18

26. Welche Uhrzeit ist gesucht?

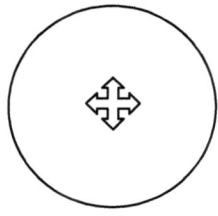
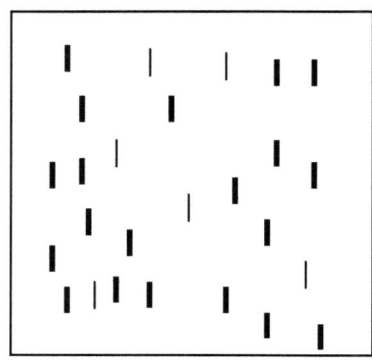

___:___ Uhr

....

1. Es werden Stunden und Minuten gesucht, so wie es dicke und dünne Striche gibt.
2. 24 Einheiten mit 20 Teilen darzustellen ist unsinnig.
3. Ein Zeitpfeil gibt das Vergehen der Zeit an.
4. Der Kreis muss verschoben werden.
5. Der Mittelpunkt des Quadrates muss erörtert werden.
Lösungsprüfung: Die Quersumme der Zahlen ist 14.

Es gibt 20 dicke und 6 dünne Striche. Es liegt nahe, dass die 20 dicken Striche die Minuten darstellen und die dünnen die Stunden. Anders herum wäre prinzipiell zwar möglich, aber wesentlich unpraktischer. Nun muss der Stand der zu ermittelnden Zeit erfasst werden. Dazu hilft der Kreis. Der 4-köpfige Pfeil zeigt eine Expansion nach außen an. Daraus ist zu schlussfolgern, dass das Vergehen der Zeit mit einer Vergrößerung des Kreises einher geht. Der Kreis muss mittig über das Quadrat gelegt werden. Den Mittelpunkt des Quadrates finden Sie leicht mit 2 Diagonalen. Den Kreis können Sie mit einem Zirkel ziehen. Im Kreisinneren befinden sich 2 dünne und 5 dicke Striche. Da 6 dünne Striche für 24 Stunden stehen, stehen 2 Striche für 8 Stunden. Ein dicker Strich steht für 3 Minuten. Daher stehen 5 dicke Striche für 15 Minuten. Die Lösung ist: 8:15 Uhr.

27. **Welche Zahl ist gesucht?**

400+231+147-25+300-24= __ __ __ __ __ __ __ __ __ __
2311-754-325+147-36-822= __ __ __ __ __ __ __ __ __ __
-247+364+784-23+199-804= __ __ __ __ __ __ __ __ __ __
34+19+45-44+30+19-56+114= __ __ __ __ __ __ __ __ __ __
65+41-48+514-663+15+141= __ __ __ __ __ __ __ __ __ __

....

1. Jedes Feld der Lösung muss ausgefüllt werden.
2. Die Lösungen müssen als Code geschrieben werden.
3. Die gesuchte Zahl kann direkt abgelesen werden.
4. Die neunte Spalte steht für 4.
5. Wenden Sie den Binärcode an.
Lösungsprüfung: Die Quersumme ist 6.

Die Lösungen müssen als Binärcode geschrieben werden. Es ist üblich den Code von hinten nach vorn zu schreiben, sodass in den Spalten immer die entsprechenden Werte (1, 2, 4, 8...) überein stimmen. Wenn Sie sich Ihre Lösungen ansehen, dann sollte Ihnen ein Muster auffallen. Die Einsen stehen in Form einer römischen Zahl. Diese ist VI und somit die Lösung 6.

28. Welche europäische Stadt ist gesucht?

Hammer, Amboss, Steigbügel

52	49	50	48	41	47	55	26	60	44

380 – 750 nm

2	7	24	12	9	12	21	13	18	14

sehen

fühlen

hören

riechen

schmecken

6. Sinn

---

1. Bei den Sinnen des Menschen sind Schablonen zum dechiffrieren zu sehen.
2. Finden Sie die 2 richten Schablonen.
3. Bei jeder Zahlenfolge steht ein Hinweis für den richtigen Sinn.
4. Es sind 3 Knochen gegeben.
5. Ein Bereich des elektromagnetischen Spektrums.
Lösungsprüfung: Die Summe der Buchstaben ist 39.

Da Zahlen zu sehen sind kann auf Koordinaten geschlossen werden. Somit müssen Sie aus beiden Zahlenreihen nur die richtigen Zahlen erkennen. Gegeben sind 6 Schablonen, von welchen Sie 2 nutzen müssen. Hammer, Amboss und Steigbügel sind Knochen im Ohr. Somit wird die Schablone des Hörens genutzt. 380 – 750 nm (Nanometer) ist der sichtbare Bereich des elektromagnetischen Wellenspektrums. Somit kommt die Schablone des Sehens zum Einsatz. Sie erhalten nun die beiden Zahlen 47 und 7. Da es sich um eine europäische Stadt handelt ist 47° die nördliche Breite und 7° die östliche Länge. Sie finden bei den Koordinaten die Stadt Bern.

29. Welcher Name ist gesucht?

111 | 101 | 10010 | 1000 | 1 | 10010 | 100

....

1. Keine Zahl ist größer als 26.
2. Die Lösung hat 7 Buchstaben.
3. Es werden 7 Zahlen im Binärcode dargestellt.
4. Jede Zahl steht für einen Buchstabe.
5. Die nummerische Position von Buchstaben im Alphabet ist relevant.
Lösungsprüfung: Ein männlicher Name mit 2 Selbstlauten.

Die Binärcodes stellen die Zahlen 7 | 5 | 18 | 8 | 1 | 18 | 8 dar. Wenn Sie die Postionen der Buchstaben im Alphabet abzählen, dann erhalten Sie den Namen: Gerhard.

30. Welche Uhrzeit ist gesucht?

___:___ Uhr

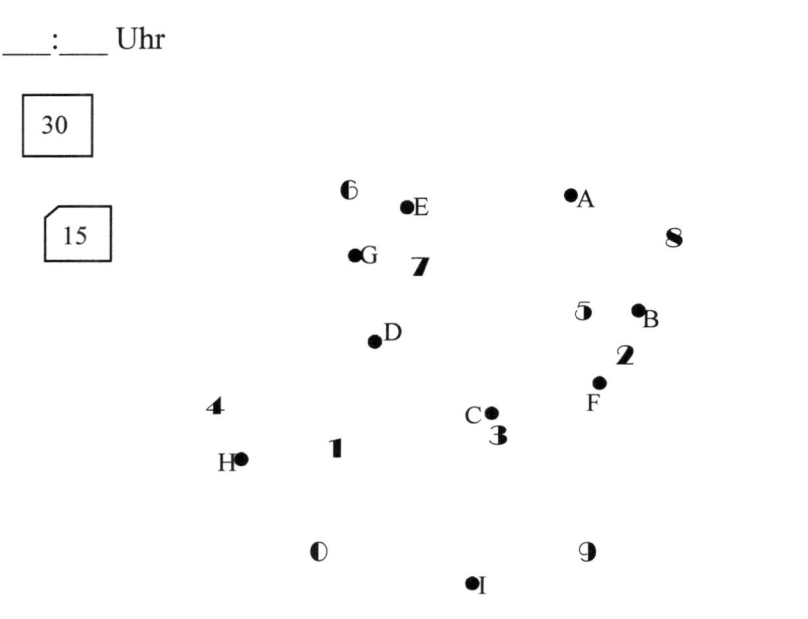

1. Im Hinweis sind 2 geometrische Figuren.
2. Die Figuren haben zusammen 9 Ecken wie es im Feld auch 9 Buchstaben gibt.
3. Die Summe der ersten 9 Buchstaben entspricht der Summe der beiden Zahlen der Figuren.
4. Die Summe der Eckpunkte des Viereckes ist 30.
5. Jede Figur rahmt 2 Zahlen ein mit denen es nur eine mögliche Verteilung gibt.
Lösungsprüfung: Die Summe der Zahlen ist 16.

Zuerst teilen Sie jedem Buchstaben anhand seiner Position im Alphabet eine Zahl zu. Die 30 im Viereck ist die Summe der Eckpunkte und lässt somit nur die 4 höchsten Buchstaben F, G, H und I zu. A, B, C, D, und E sind die niedrigsten und die Eckpunkte des Fünfecks. Zeichnen Sie nun die Figuren. Im Fünfeck stehen die 5 und die 7. Im Viereck die Zahlen 1 und 3. 5 und 7 können nur für die Minuten stehen. Hierbei ist nur die Zahl 57 möglich. 1 und 3 sind die Stunden. Natürlich ist auch hier nur die 13 sinnvoll. Sie erhalten die Lösung: 13:57 Uhr.

31. **Welcher Name ist gesucht?**

74

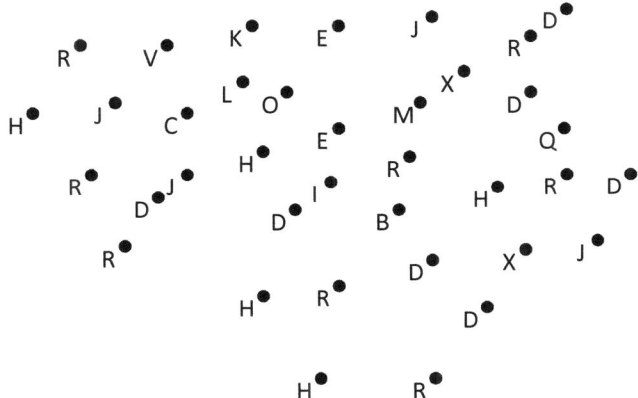

....

1. Eine Zahl ist ein Hinweis.
2. Eine Zahl als Hinweis und ein Spielfeld voller Buchstaben.
3. Finden Sie die Zahl in römischen Ziffern.
4. Die schwarzen Punkte dienen teilweise der Verwirrung.
5. Die Lösung wird erst durch Zeichnen entdeckt.
Lösungsprüfung: Eine männliche Zeichentrickfigur.

Die 74 wird als römische Zahl geschrieben, LXXIV. Verbinden Sie die Buchstaben an den schwarzen Punkten in der richtigen Reihenfolge. Die Lösungsbuchstaben lauten H-O-M-E-R in dieser Reihenfolge.

32. **Welche Zahl ist gesucht?**

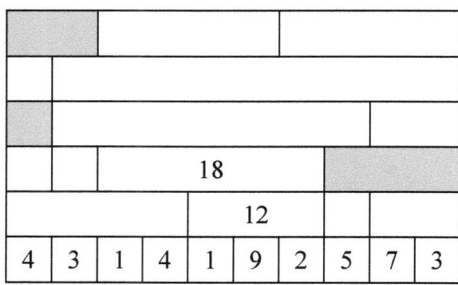

___ / ___ + ___ = ____

---

1. Jede Zeile ergibt die gleiche Summe.
2. Die Zahlen einer unteren Reihe sind die Summanden der Zahl darüber.
3. So wie ein Feld geteilt wird kann auch die Zahl geteilt werden.
4. Alle Felder können errechnet werden.
5. 12 ist ein Teil von 18 und die Summe von 1, 9 und 2.
Ergebnisprüfung: Die Quersumme ist 3.

Füllen Sie die Felder richtig aus.

7		16			16				
3			36						
3			26				10		
3	3		18			15			
	12		12		5		10		
4	3	1	4	1	9	2	5	7	3

Die markierten Felder beinhalten die Zahlen für die Lösungsgleichung. Es gibt nur eine richtige Verteilung der Zahlen. Die Lösungsgleichung: 15/3+7=12

33. Welche Zahl ist gesucht?

0 und 4 sind keine Nachbarn. 4 und 2 stehen nicht neben der 8. 7 und 4 stehen nicht neben der 2. Die letzte Zahl ist eine Primzahl. 8 und 4 stehen nicht neben der 1. 1 und 7 sind keine Nachbarn. 7 und 2 stehen nicht neben der 0.

....

1. Schreiben Sie zuerst alle Zahlen heraus, welche Sie finden.
2. Lösen Sie das Zahlenlogical systematisch.
3. Die 2 ist eine Primzahl.
Lösungsprüfung: Die Summe der letzten 3 Ziffern ist 3 und der ersten beiden 11.
Lösen Sie das Zahlenlogical und Sie erhalten: 478012.

34. Welches Tier ist gesucht?

3 | 6 | 3 | 4 | 8 | 5 | 6   ___ ___ ___ ▇

2 | 12 | 4 | 3 | 18   ___ ▇ ___ ___

2 | 4 | 9 | 11 | 16 | 18   ___ ▇ ___ ▇

-3 | -6 | -1 | 1 | 2 | 7   ___ ▇ ___ ___

GMBHIGZFTDLDKEUWISEFIRHJHCYASWGCUVLDKMF
....

1. Die freien Felder müssen mit Zahlen belegt werden.
2. Das Lösungswort hat 5 Buchstaben.
3. Manche Zahlenfolgen sind erst mit der Lösung eindeutig.
4. Die Buchstabenreihe kann mit Zahlen versehen werden.
5. Die Lösungsbuchstaben müssen sortiert werden.
Lösungsprüfung: Die Summe der Buchstaben ist 45.

Zuerst müssen Sie die Zahlenfolgen ergänzen.
1. x2, -3, +1 (12-9-10-**20**)
2. x6, /3, -1 (6-**5**-30-10)
3. +2, +5 (23-**25**-30-**32**)
4. x2, +5, +2 (9-**18**-23-25)

Die grau untersetzten Felder zeigen die Lösungszahlen. Zählen Sie die Buchstaben an den entsprechenden Positionen in der Buchstabenreihe ab und setzen diese richtig zusammen. Die Lösung lautet: Fisch.

35. Welche Zahl ist gesucht?

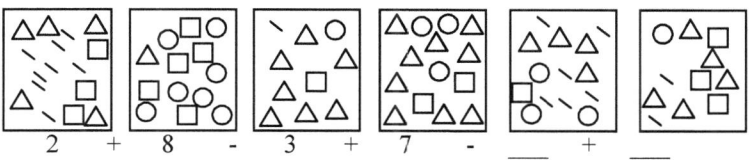

2 + 8 - 3 + 7 - ___ + ___

....

1. Die Symbole und die Zahlen gehören zusammen.
2. Die erste und vierte Zahl werden mit dem gleichen Vorgehen errechnet.
3. Die fünfte und sechste Zahl werden wie die zweite und dritte Zahl errechnet.
4. In jedem Rechteck ist eine Aufgabe versteckt.
5. 5-3=2
Lösungsprüfung: Die Quersumme ist 4.

Die Zahlen unter den Rechtecken werden mit den Figuren in den Rechtecken errechnet. Die erste Zahl ergibt sich aus der Subtraktion der 3 Vierecke von den 5 Rechtecken. Im zweiten Rechteck addieren Sie die Kreise und Dreiecke um 8 zu erhalten. Im dritten Rechteck addieren Sie die Striche, die Kreise und die Vierecke. Es muss erkannt werden, dass im vierten Rechteck wieder die Vierecke von den Dreiecken abgezogen werden. Daraus ist zu schlussfolgern, dass es wieder analog zu einer Zahlenfolge von vorn beginnt. Somit addieren Sie für die fünfte Zahl Dreiecke und Kreise. Um die letzte Zahl zu errechnen addieren Sie die Striche, Kreise und Vierecke. Sie können nun die Kettenaufgabe mit den Zahlen ergänzen und errechnen 13.

36. Wie ist der Code des dreistelligen Zahlenschlosses?

1,2,3…8,9,0

12-2.=5

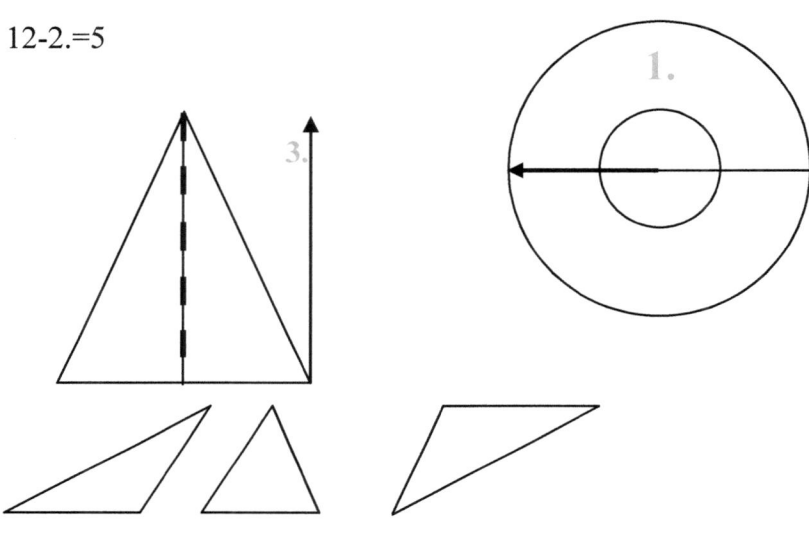

---

1. Die Position der Zahl im Code ist eindeutig bezeichnet.
2. Für die erste Zahl hilft eine Skala.
3. Die zweite Zahl muss errechnet werden.
4. Füllen Sie für die dritte Zahl das Dreieck geometrisch auf.
5. Die dritte Zahl wird an einer Skala abgelesen.
Lösungsprüfung: Die Summe der Zahlen ist 15.

Jede Darstellung zeigt eine Zahl des Codes. Welche Zahl gezeigt wird erkennt man an den Beschriftungen 1., 2. und 3. Für die erste Zahl zeichnen Sie sich eine eigene Skala an den Pfeil. Für 10 Einzelzahlen macht eine Teilung in 10 gleichgroße Bereiche Sinn. Da der Pfeil nach außen deutet ist auf die Anordnung der Zahlen, von innen steigend, zu schließen. Im Hinweis ist ersichtlich, dass die 0 nach der 9 eingeordnet wird. Das ist auch für die 3. Zahl relevant. Für die erste Zahl können Sie 4 ablesen. Die zweite Zahl ist die Variable in der Gleichung. Sie lautet 7. Für die dritte Zahl müssen Sie die unregelmäßigen Dreiecke in das große Dreieck einsortieren. In dem Dreieck ist bereits eine Skala vorhanden. Der Pfeil zeigt, dass diese von unten steigend ist. Das mittlere der 3 Dreiecke liegt rechts. Das linke Dreieck liegt mittig und das rechte Dreieck auf der linken Seite. Die Oberkante liegt am vierten Strich. Daher ist die dritte Zahl eine 4.
Der Code lautet: 4-7-4

37. **Welcher sechsstellige Code ist gesucht?**

1. 6 3 6 9 1 3
2. 8 0 7 3 7 6
3. 0 7 8 7 3 9
4. 2 4 9 1 9 2
5. _____

....

1. Der Code wird regelmäßig geändert.
2. Die 4 vorherigen Codes sind bekannt.
3. Jede Zahl verändert sich nach eigenen Regeln.
4. Addition und Subtraktion.
5. -
Lösungsprüfung: Die Summe der Zahlen ist 20.
Jede Zahl hat einen eigenen Algorithmus. Die ersten 4 Codes sind bekannt. Folgende Operationen verändern die Zahlen: 1. +2 / 2. -3 / 3. +1 / 4. +4 / 5. -4 / 6. +3 Sie erhalten nach Durchführung den Code: 4-1-0-5-5-5

38. Welches Land ist gesucht?

Die kleinstmöglichen Faktoren einer Zahl, welche größer als 1 sind.

ZGIHNUBTMGEDESDGLEPOMA

1. Die Zahlen sind nur durch 1 und sich selbst teilbar.
2. Welche bestimmten Zahlen sind gesucht?
3. Primzahlen
4. Jede Zahl beschreibt die Position eines Lösungsbuchstaben.
5. Ein Buchstabe ist zu viel.
Lösungsprüfung: Die Summe der Buchstaben ist 54.

Der Hinweis deutet auf die Primzahlen. Zählen Sie nacheinander die Primzahlen immer wieder von Beginn an ab. Sie erhalten die Buchstaben B-E-L-G-I-E-N und P. P dient der Verwirrung und gehört nicht zur Lösung Belgien.

39. Welches Gebäude ist gesucht?

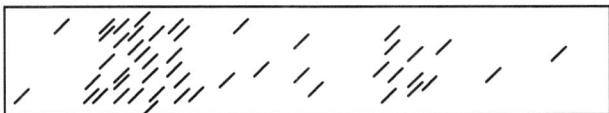

1. Das Lösungswort hat 4 Buchstaben.
2. Die Striche müssen getrennt werden.
3. Der Pfeil hat den falschen Maßstab.
4. Der Pfeil deutet die richtige Richtung an.
5. Jeder Buchstabe hat eine nummerische Position im Alphabet.
Lösungsprüfung: Reihenfolge der Buchstabenposition im Alphabet: 1., 4., 3., 2.

Bringen Sie den Pfeil auf die Länge des Rechteckes. Dementsprechend verschieben sich auch die Markierungen des Pfeils. Es entstehen 4 Felder mit Strichen. In den Feldern sind nacheinander 2, 21, 18 und 7 Striche vorhanden. Wenn Sie für die Zahlen Buchstaben einsetzen erhalten Sie die Lösung: Burg.

40. **Welche Zahl ist gesucht?**

Punktrechnung geht vor Strichrechnung.

1001XVIXIIXXIXIX100XIIIIXII11XIIIIXXIVXXIXIX1000
IVXXIXVIIIIIIVIII10XVIXIIXXIXIX110

....

1. Eine Kettenaufgabe führt zur Lösung.
2. Eine Kettenaufgabe besteht aus 2 Grundelementen wie auch dieser Code.
3. Es gibt Zahlen und Rechenzeichen.
4. XVIXIIXXIXIX ist ein Wort mit 4 Buchstaben.
5. XVI XII XXI XIX
Lösungsprüfung: Die Quersumme ist 5.

Der Code ist eine Kettenaufgabe. Die römischen Zahlen zeigen die Rechenzeichen und die Binärziffern die Zahlen der Aufgabe. Wenn Sie sich die römischen Ziffern genauer betrachten werden Sie sehen, dass es mehrere Einzelzahlen sind. Trennen Sie diese an den richtigen Stellen und setzen Sie Buchstaben für die Zahlen ein. Größtenteils gibt es nur eine Möglichkeit die Zahlen aufzuteilen. Aus den Buchstaben, welche Sie dadurch zuverlässig erhalten, können Sie darauf schließen, dass Rechenzeichen dargestellt werden. Demzufolge können die restlichen römischen Ziffern richtig getrennt werden. Sie erhalten die Aufgabe: 9+4x3-8/2+6. Beachten Sie die Regel im Hinweis. Sie errechnen 23.

41. Welches Wort ist gesucht?

Euklid

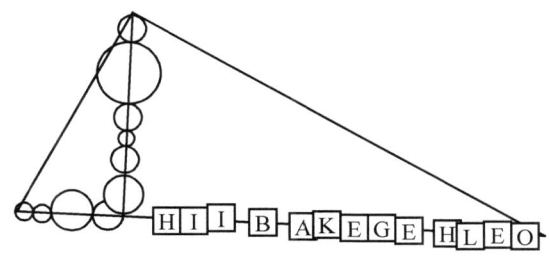

....

1. Höhensatz des Euklid.
2. Die Buchstaben müssen selektiert werden.
3. Kreise markieren die richtigen Buchstaben.
4. Die 9 Kreise haben die gleiche Größe.
5. 5 Buchstaben bilden das Lösungswort.
Lösungsprüfung: Die Summe der Buchstaben ist 54.

Der Höhensatz besagt: $h^2=pq$. Die Höhe hat 6 Kreise und steht somit für 36.36/4=9. Die gesuchte Strecke muss also in 9 Kreise untergliedert werden. Da nix anderes bekannt ist sind alle Kreise gleich groß. Das muss geschlussfolgert werden. Zeichnen Sie diese Kreise auf die Strecke so, dass sie die komplette Strecke verdecken. Es sind die Buchstaben des Wortes „Logik" umrundet. Der Rest steht auf Kreiskanten und zählt als durchgestrichen. Die Buchstaben müssen nur noch entsprechend geordnet werden.

42. Welche zweistellige Zahl ist gesucht?

1/0

W = W△W | F = F△W | F = W△F | F = F△F

W = W☐F | W = F☐W | F = W☐W | F = F☐F

A	B	C	D	E

D☐C=w
E△C=w
E☐B=w
D☐A=f

---

1. Aussagenlogik
2. Die Wahrheitswerte vom Dreieck und Viereck sind definiert.
3. „f/w" stehen für die beiden Zahlen des Binärcodes.
4. Das Ergebnis muss zweistellig sein.
5. f=1
Lösungsprüfung: Die Quersumme ist 8.

Gesucht ist ein Binärcode. Das zeigt der Hinweis an. In der Aussagenlogik gibt es die Verbindungen „und"(Dreieck) und das ausschließende „oder"(Viereck). Über der Tabelle ist zu erkennen unter welchen Voraussetzungen eine Verbindung wahr ist. Somit ist die Definition klar. Unter der Tabelle sind die Variablen und deren Wahrheitswerte sind zu schließen. Wenn E und C wahr ist dann ist auch jeder Wert wahr. D Muss falsch sein, weil D oder C wahr ist. B ist falsch, weil E oder B wahr ist. D und A müssen daher beide falsch sein. Jetzt muss erkannt werden wofür die Wahrheitswerte stehen. Da die Lösung zweistellig sein muss kommt nur die Verteilung: f=1 und w=0 in Betracht. Die Lösungszahl ist 11010, was für 26 steht.

43. Welche Zahl ist gesucht?

Addition

5 | 9 | 7 | 12 | 10 | 14

-13 | -16 | -10 | -6 | -9

20 | 18 | 15 | 13

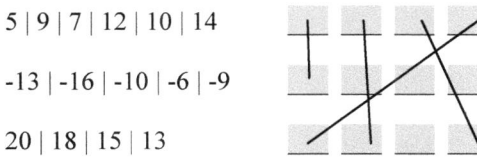

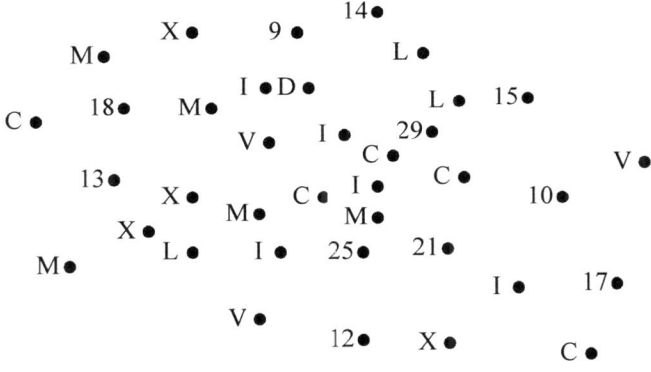

1. Die Zahlenfolgen sind der erste Schritt.
2. Die Striche deuten auf Zahlenpaare.
3. Der Hinweis verrät mehr über die Zahlenpaare.
4. Die Summen sind im Spielfeld versteckt.
5. Die Lösungsteile können nur auf eine Weise zusammengesetzt werden.
Lösungsprüfung: Die Quersumme ist 17.

Setzen Sie die Zahlenfolgen wie folgt fort. 1. Folge (+4,-2,+5,-2) 12,17,15,19 | 2. Folge (-3,+6,+4) -3,1-2,4 | 3. Folge (-2,-3) 10,8,5,3. Die mit einer Linie verbundenen Zahlenpaare müssen addiert werden. Das ist dem Hinweis zu entnehmen. Verbinden Sie die Summen auf dem Zahlen- und Buchstabenfeld der Größe nach. Sie können auch jede Zahl mit jeder verbinden. Umrahmt sind in beiden Fällen die Lösungsbuchstaben der römischen Zahl MMDCCVIII, was für die Lösung 2708 steht.

44. **Welches Tier ist gesucht?**

a=b=c=d | α=β=γ=δ

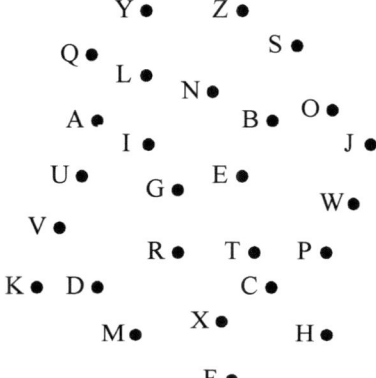

1. Die Lösung ist geometrisch.
2. Der Hinweis beschreibt eine konkrete Figur.
3. Die Eckpunkte können aus dem Hinweis geschlossen werden.
4. Verbinden Sie die richtigen Punkte mit 4 Linien.
5. Die Buchstaben müssen sortiert werden.
Lösungsprüfung: Die Summe der Buchstaben ist 59.

Der Hinweis beschreibt ein Quadrat. Alle Seiten sind gleich lang und jeder Winkel hat 90°. Da die Seiten mit a ,b, c und d beschriftet sind, sind die Eckpunkte A, B, C und D. Verbinden Sie die Buchstaben auf dem Spielfeld und Sie erhalten ein Quadrat in dessen Innerem die Buchstaben und die Lösung T-I-G-E-R stehen.

45. Welche Zahl ist gesucht?

Reihe und Spalte: 0<_<_<_<_<_<_<7

/	x	24		+	8
2	-	1	/	x	32
/	+	-	3	-	
2	7	1	+	1	x
-	/	/3	7		6
1	+	6	x	36	

__ / __ + __ = __

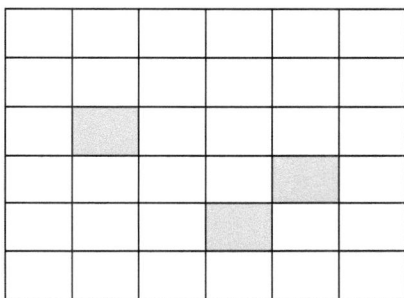

....

| 1. Füllen Sie das Zahlenfeld aus. |
| 2. Pro Zeile und Spalte sind die Zahlen 1-6 jeweils einmal vorhanden (Hinweis). |
| 3. Die gefärbten Felder zeigen Rechenoperation und Ergebnis an. |
| 4. Die gefärbten Felder beinhalten Zahlen, welche die Rechnung erfüllen. |
| 5. Die markierten Zahlen sind für die Lösung wichtig. |
| Lösungsprüfung: Die Quersumme ist 8. |

Lösen Sie den Zahlenblock auf. Die Zahlen 1-6 sind in den Spalten jeweils einmal vorhanden. Die gefärbten Felder zeigen die Anzahl der Zahlen, die Rechenoperation und das Ergebnis an. Finden Sie die richtige Verteilung. Manche Zahlenfelder sind markiert. Diese Zahlen müssen in die Lösungsgleichung eingegeben werden. Sie erhalten die Gleichung: 6/2+5=8.

2	1	6	4	3	5
1	6	5	3	4	2
6	2	3	1	5	4
3	5	4	2	6	1
4	3	1	5	2	6
5	4	2	6	1	3

46. Welche Figur ist gesucht?

G	E	D	R	H	I	G	E	R	A	D	I	U	M	G
E	A	D	F	E	R	T	G	V	I	E	R	E	C	G
U	G	T	I	D	R	E	I	E	C	K	L	H	L	A
T	H	O	M	N	A	E	D	F	G	Z	E	G	O	F
Z	U	U	E	K	J	U	C	E	H	J	K	K	G	F
H	I	S	E	U	K	O	F	H	S	A	N	U	I	E
G	E	M	H	J	M	B	K	T	T	O	I	I	K	N
B	N	O	B	B	A	U	I	U	Z	E	W	K	T	E
Z	M	N	V	I	E	L	E	K	K	C	R	R	F	E
O	N	I	A	U	S	E	N	S	A	T	Z	E	N	A
R	W	I	N	E	K	S	A	T	Z	D	F	I	U	Z
N	R	E	I	S	E	T	E	S	T	D	C	D	S	Z
I	D	U	R	C	H	M	E	S	S	E	R	T	I	R

1. Finden Sie die richtigen Lösungsworte.
2. Erkennen Sie die Form.
3. Die Lösungsworte sind geometrisch.
4. 3 Worte in einer bestimmten Form.
5. Ein Wort ist: Winkel, senkrecht geschrieben.
Lösungsprüfung: Die Summe der ersten 4 Buchstaben ist 36.

In der dritten Zeile finden Sie waagerecht das Wort „Dreieck". Vom R geht diagonal das Wort „rechter" ab. Daran schließt das Wort „Winkel" in senkrechter Form an. Verbinden Sie die Buchstaben und Sie erkennen die Lösung: rechtwinkliges Dreieck.

47. Welche Zahl ist gesucht?

w=1, f=0

1. Die beiden Katheten des Dreiecks schneiden in einem 40° Winkel.
2. Die Höhe teilt die Hypotenuse in 2 Strecken mit verschiedener Länge.
4. Die Summe der Innenwinkel des Dreieckes ergibt 190°.
8. Die Nebenwinkel sind beide 60°.
16. Beide Stufenwinkel sind 110°.

....

1. Die Lösung hat etwas mit Logik zu tun.
2. Das Ergebnis ist ein Muster aus Einsen und Nullen.
3. Die Nummerierung der Sätze ist wichtig.
4. Jedem Satz kann eine 1 oder 0 zugeordnet werden.
5. Jeder Satz ist allgemein wahr oder falsch.
Lösungsprüfung: Die Quersumme ist 9.

Verteilen Sie w (wahr) oder f (falsch) auf die Sätze. Wahr sind der zweite und der letzte Satz. Im Hinweis ist ersichtlich, dass wahr für 1 steht und falsch für 0. Die Position der entsprechenden Zahl im Binärcode sehen Sie an der Nummerierung des Satzes. Somit lautet der Code: 10010, was für die 18 steht.

48. Welches Element ist gesucht?

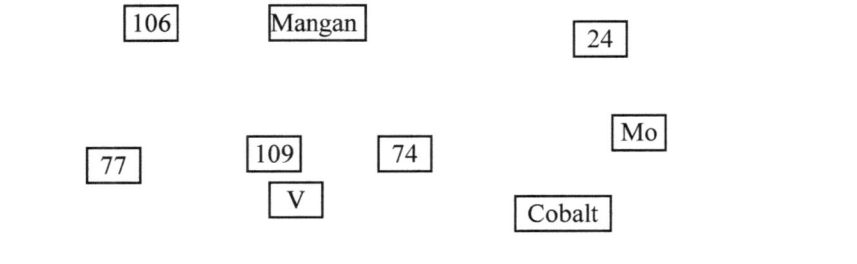

| 1. Es ist ein chemisches Rätsel. |
| 2. Sie benötigen das Periodensystem. |
| 3. Sie sehen die Lösung. |
| 4. Alle Zahlen, Worte und Kürzel sind chemische Elemente. |
| 5. Die Position im Periodensystem ist entscheidend. |
| Lösungsprüfung: Die Summe der Buchstaben ist 64. |

Da alle verschiedenen Darstellungen der Elemente verwendet werden, müssen Sie ein System in die Darstellungen bringen. Dafür benötigen Sie das Periodensystem. Markieren Sie alle aufgeführten Elemente und färben Sie das Feld komplett ein. Jetzt können Sie das Kürzel Ti für Titan lesen.

49. Welche europäische Stadt ist gesucht?

N-O | N | S

NO-SO-NW-SW | SW-SO-NO-NW | N-S

....

1. Koordinaten sind gesucht.
2. Es gibt 2 Zeilen und es werden 2 Zahlen gesucht.
3. Die erste Zahl ist zweistellig und wird mit 3 Symbolen dargestellt.
4. Alle benötigten römischen Zahlen werden mit Strichen dargestellt.
5. N-O steht für das L.
Lösungsprüfung: Die Summe der beiden Koordinaten ist 73.

Es sind zwei Zahlen für die Koordinaten gesucht. Die Zahlen werden in römischen Ziffern dargestellt. Wenn Sie von einem Punkt eine Linie nach Norden und eine Linie nach Osten ziehen, dann entsteht ein L. Es ist zwar kein eindeutiges L, aber wenn Sie diese Methode auf die anderen Zahlen anwenden ist ersichtlich, das römische Zahlen gezeichnet werden sollen. Der Weg ist somit klar. NO-SO-NW-SW steht demnach für X. N, S oder N und S einzeln zeichnen eine gerade senkrechte Linie und somit das I. Sie erhalten die Zahlen LII (52) und XXI (21). Da die Stadt in Europa liegt ist 52° die nördliche Länge und 21° die östliche Breite. Die Lösung ist Warschau.

50. Welcher dreistellige Code ist gesucht?

Die Zahlen sind einstellig.

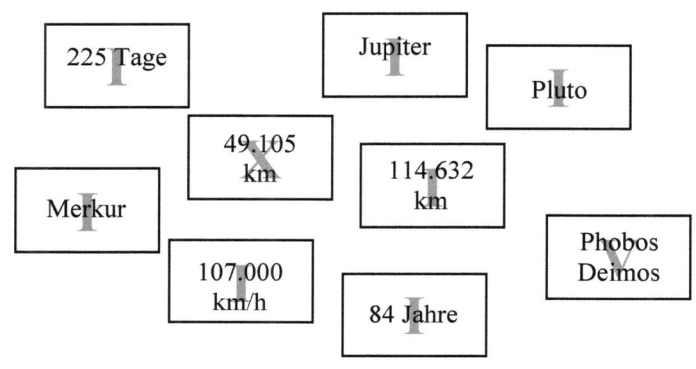

1. Die Rechtecke müssen geordnet werden.
2. Planeten des Sonnensystems.
3. Durchmesser, Entfernung, Umlaufzeit
4. Die römischen Zahlen stellen 3 einstellige Zahlen dar.
5. Die richtige Schreibrichtung kann durch die Lösungskriterien gefunden werden.
Lösungsprüfung: Die Summe der Zahlen ist 20.

Jedes Rechteck steht für einen Planeten. Die Planeten sind mit verschiedenen Kriterien beschrieben. Merkur-Venus (225 Tage Umlaufzeit)-Erde (Geschwindigkeit 107.000km/h)-Mars (Monde: Phobos, Deimos), Jupiter, Saturn (Durchmesser:114.632 km), Uranus (Umlaufzeit 84. Jahre), Neptun(Durchmesser: 49.105km),Pluto. Die römischen Zahlen stehen nun in folgender Reihenfolge: IXIIIVIII. Sie müssen so geteilt werden, dass 3 einstellige Zahlen entstehen. Durch probieren werden Sie erkennen, dass nur eine Leserichtung möglich ist. Die Zahlen können nun nur lauten: IX-III-VIII, was für 9-3-8 steht.